AF401311

CATALOGUE

D'ESTAMPES ANCIENNES

DES

ÉCOLES ALLEMANDE, FLAMANDE, FRANÇAISE & ITALIENNE

PORTRAITS

ET

DESSINS ANCIENS

Provenant de M. le Baron S***, de Rome

DONT LA VENTE AUX ENCHÈRES PUBLIQUES AURA LIEU

HOTEL DES COMMISSAIRES-PRISEURS

RUE DROUOT, 5

SALLE N° 3, AU PREMIER ÉTAGE

Les Lundi 8, Mardi 9 & Mercredi 10 Janvier 1866

A UNE HEURE

M⁰ **DELBERGUE-CORMONT**, Commissaire-Priseur,
rue de Provence, 8,

Assisté de **M. CLEMENT**, M⁴ d'Estampes de la Bibliothèque Impériale,
rue des Saints-Pères, 3,

Chez lesquels se distribue le présent Catalogue.

EXPOSITION PUBLIQUE

Le Dimanche 7 Janvier 1866, de 1 heure à 4 heures.

PARIS — 1866

CONDITIONS DE LA VENTE

Elle sera faite au comptant.

Les acquéreurs paieront, en sus des adjudications, CINQ pour CENT applicables aux frais.

Il sera vendu dans le cours et à la fin de chaque Vacation, un grand nombre d'Estampes de toutes les Écoles, non cataloguées.

M. CLEMENT aura la faculté de diviser les lots.

ORDRE DES VACATIONS

PREMIÈRE VACATION: 8 *Janvier* 1866 :

N° 1 à 200

DEUXIÈME VACATION: 9 *Janvier* :

N° 201 à 395

3ᵉ TROISIÈME VACATION : 10 *Janvier* :

N° 396 à 575

DÉSIGNATION

ESTAMPES

Akersloot (W. O.), Saint Pierre reniant son maître, d'après P. de Molyn. Très-belle épreuve.

2 **Aldegraver** (Henri). Adam et Ève assujettis au travail (B. 6). Belle épreuve.

3 — Suzanne accusée par les vieillards (B. 31). Belle épreuve.

4 — La Vierge debout (B. 50). Belle épreuve.

5 — Les Vertus et les Vices. 10 p.

6 — Les Travaux d'Hercule. 8 p.

7 — Danseurs de noces, le bon Samaritain, Adam et Ève, etc. 15 p.

8 **Altdorfer** (A.). La Vierge (17). Saint Jérôme (21). Vénus et l'Amour, etc. 5 p. Belles épr.

9 **Anonyme.** Sujet mythologique. Pièce gravée dans le goût de B. Franco.

10 — Jésus lavant les pieds à ses apôtres. Composition de quatorze figures, gravée dans le goût de B. Franco. Belle épreuve.

11 — La Vierge sur les nues. Pièce en hauteur gravée dans le goût de Diane Ghisi.

12 **Audran** (G.). Dieu apparaissant à Isaac, d'apr. Raphaël. Belle épreuve avant la lettre.

13 — La Peste, d'après Mignard; le Martyre de saint Etienne, d'après Lesueur; la Mort de saint François, d'ap. A. Carrache; Ainsi doit se fléchir la colère et l'orgueil, d'ap. le Poussin. 4 p.

14 **Balechou** (J.-J.). Le Calme, d'après J. Vernet. Epreuve avant les raies.

15 **Baldus** (L.). Saint Paul effrayé; saint Jérôme, par C. Ferranti; Sainte Famille, d'après le Parmesan; Judith, par Palma, etc. 6 p.

16 **Bary** (H.). Femme endormie; derrière elle un jeune homme riant, d'après Miéris. — Enfants dans une draperie, d'après Van Dyck. Belles épreuves. 2 p.

17 **Baroche** (Frédéric). L'Annonciation (B. 1). Très-belle épreuve.

18 — Saint François stigmatisé (B. 3). Très-belle épreuve.

19 — La Vierge sur les nues; la Madeleine, par Cignani; le Temps, par Diamentini; Sainte-Famille, par Palma, etc. 8 p.

20 **Bartolozzi** (F.). Jupiter et Léda, Narcisse, 2 p. faisant pendants, d'après F. Viera. Belles épreuves avant la lettre.

20 *bis.* Les mêmes estampes, épreuves avec la lettre.

21 **Baudet** (E.). Paysages, d'après le Poussin. 8 p.

22 **Baudouin** (D'ap.). Le Coucher de la Mariée, par Moreau le jeune. Belle épreuve.

23 **Bega** (C.). Huit pièces de son œuvre.

24 **Beatrizet** (N.) La Mort de Méléagre, d'après Perrin del Vaga (B. 41). Très-belle épreuve.

25 — Les Soldats romains combattant contre les Daces (B. 94). Très-belle épreuve.

26 **Beham** (H. S.). Les Quatre Evangélistes (B. 55 58). Très-belles épreuves. 4 p.

27 — La Religion chrétienne victorieuse (B. 128). Belle épreuve.

28 — La Patience (B. 138). Belle épreuve.

29 — Cléopâtre (B. 78). La Mélancolie (144). Belles épreuves. 2 p

30 — Les Arts libéraux; la Mélancolie, Adam et Ève, Trajan, etc. 10 p.

31 — Saint Sébald, sujets de la Passion, gravés sur bois, etc. 17 p.

32 **Bettelini** (P.). L'Adoration des bergers, d'ap. Vander Werf. Belle épreuve.

33 **Biscaino**. Judith, Sainte Famille, la Foi. 3 p. Belles épreuves.

34 — Sainte Famille, saint Christophe, la Foi, Jésus dans le Temple. 4 p. Belles épreuves.

35 **Bloemaert** (C.). La Vierge et l'Enfant Jésus, d'après le Titien. Très-belle épreuve.

36 **Boldrini** et autres. Vénus et l'Amour, paysage et autres, d'apr. le Titien. 4 p. gravées sur bois.

37 **Bonasone** (J.). Saint Marc assis, d'ap. Perino del Vaga (B. 75). Très-belle épreuve.

38 — Scipion blessé dans le combat contre Annibal, d'après Polydore de Caravage (B. 81). Belle épr.

39 — Cupidon assis près de sa mère dans un char (B. 105). Belle épreuve.

40 — Le Triomphe de l'Amour (B. 106). Très-belle épreuve.

41 — La Déesse Flore dans un jardin, d'ap. J. Romain (B. 111). Très-belle épreuve.

42 — Europe enlevée par Jupiter, d'après Raphaël. Très-belle épreuve.

43 **Boucher** (D'ap. F.). Léda, Triomphe de Priape, Hommage champêtre, rocaille; quatre sujets pour panneaux en hauteur, gravés par Duflos. Très-belles épreuves.

44 — Vénus au bain, les OEufs cassés, d'après Greuze, avant la lettre, etc. 6 p.

45 **Bry** (Th.). L'Age d'or, d'après Bloemaert. Pièce de forme ronde.

46 **Burani** (F.). Silène ivre, le Massacre des Innocents, par Mattioli; Jésus au milieu des docteurs, par L. Jordano, etc. 5 p. Belles épreuves.

47 **Calamatta** (L.). La Joconde, d'après Léonard de Vinci. Très-belle épreuve avant la lettre, sur papier de Chine, portant une dédicace et la signature du graveur, elle est en feuille.

48 — Jeanne Gray, d'ap. Paul Delaroche. Superbe épreuve d'artiste, sur papier de Chine, portant une dédicace et la signature du graveur; elle est en feuille.

49 — La Femme adultère, d'après E. Lesueur. Très-belle épreuve d'artiste, sur papier de Chine, portant une dédicace et la signature du graveur.

50 — Françoise de Rimini, d'après Scheffer. Ancienne épreuve.

51 — Le Masque de Napoléon. Superbe épreuve d'artiste; signée du graveur.

52 — Portrait de Murillo, d'après lui-même. Très-belle épr. d'artiste, sur papier de Chine; signée du graveur.

53 **Calamatta** et **Lelli**. Portrait de femme, d'ap. Kellogg. Epreuve d'artiste.

54 **Canaletti** (A.). Pra della valle. S' Giustina in pra della vale. 2 p. avant les numéros.

55 **Cantarini** (Simon), dit **le Pesarère**. Sainte Famille, Repos en Egypte, Saint Jérôme, le Portement de croix, l'Enlèvement d'Europe, etc. 14 p. Belles épreuves.

56 — Le Couronnement de la Vierge, Saintes Familles, saints, etc. 10 p. Belles épreuves.

57 — Repos en Egypte, Saintes Familles, saints, etc. 9 p. Belles épreuves.

58 — Adam et Eve, saint Sébastien, Saintes Familles, saint Jérôme, saint Jean. 8 p. Belles épr.

59 **Carrache** (Annibal). La Madeleine dans le désert (B. 16). Belle épreuve du 1er état.

60 — Jupiter et Antiope (B. 17). Très-belle épr.

61 — L'Adoration des Mages (B. App. 1). Belle épr.

62 **Carrache** (A.). Le Calvaire, d'ap. le Tintoret; grande estampe en 3 feuilles. Epreuve doublée.

63 — Saint Jérôme, deux scènes de théâtre, Mercure et Argus, par Galestruzzi; Jésus et la Samaritaine, d'ap. An. Carrache. 6 p.

64 **Carrache** (les). La Soucoupe et copie, Suzanne et les Vieillards, l'Eventail. 4 p.

65 — Suzanne et les Vieillards, Vierge et l'Enfant
Jésus, la Samaritaine, etc. 5 p.

66 **Castiglione** (Benedetto). Moïse sauvé des eaux,
la Nativité, Fête au dieu Pan, etc. 9 p.

67 **Chasteau** (G.). Grande thèse avec la statue
équestre de Louis XIV, d'après Coypel.

CLAIRS-OBSCURS

68 Par **Andreani**. Jésus-Christ mis au tombeau,
d'après Raphaël de Reggio (24) ; la Vierge accompagnée de quelques saints, d'ap. le Parmesan (24)
et autres sujets. 7 p. Belles épreuves.

69 Par **Carpi** (Hugo da). Le Songe de Jacob (B. 5) ;
David coupant la tête de Goliath (8) ; Marthe et Madeleine allant au Temple, par un anonyme (12) ;
Descente de croix (22) ; Ananie tombant mort (27) ;
saint Pierre et saint Paul guérissant les malades,
d'après Raphaël. 6 p. Belles épreuves.

70 — La Vierge, saint Sébastien et un saint évêque,
d'après le Barroche (26) ; Diogène, d'après le Parmesan (10) ; l'Envie chassée du Temple des Muses,
d'après B. Peruzzi (12). 3 p. Belles épreuves.

71 Par **Coriolan** (B.). La Vierge et l'Enfant Jésus
(6), Sybille (2), autre Sybille (4), autre Sybille (5) ;
ces cinq sujets d'après le Guide ; autre Sybille (6),
d'après Raphaël. 7 p. Belles épreuves.

72 Par le **Maître**, au monogramme **F. P.** La
Force (B. 14), Hercule tuant le Cerbère (15),
Diane allant à la chasse (21), et autres petits sujets,
d'après le Parmesan. 9 p.

+ ~~73~~ **Par le Maître**, au monogramme **N. D. B.** Les Amours jouant aux pommes, d'après Raphaël (B. t. XII, p. 108, 4). Très-belle épreuve.

74 Par **Trente** (Antoine de). Le Martyre de saint Pierre et saint Paul, d'après le Parmesan (28); la Sybille Tiburtine et Auguste (7); les Honneurs rendus à Psyché, d'après J. Salviati (26); l'Homme assis vu par le dos, d'après le Parmesan (13). 4 p. Belles épreuves.

75 — Les Apôtres et autres, d'ap. le Parmesan, 10 p.

76 Par N. **Vicentini**. L'Adoration des Mages (B. 3); Jésus guérissant les lépreux (15); la sainte Vierge entourée de différents saints et saintes (23); la Vierge entourée de saints, par A. Ghandini (25); ces quatre sujets, d'après le Parmesan; Clélie, d'après Maturino (5); Ajax, d'après Polydore (9). 6 p. Belles épreuves.

77 **Daven** (Léon). La sainte Vierge assise au milieu de saints, d'après le Parmesan (B. 1). Belle épr.

78 — Europe aidée par des femmes, d'après le Primatice (B. 29). Belle épreuve.

79 — Un jeune homme buvant de l'eau que lui présente une femme, d'après le Primatice (B. 61). Très-belle épreuve.

80 **Desportes** (D'apr.). Deux sujets de chasses et deux autres, d'ap. Synders et Hondius. 4 p.

81 **Dietricy** (Ch.). Jésus guérissant les malades, paysage. 2 p. Belles épreuves.

82 **Drevet** (P.). La Présentation au Temple, d'apr. Coypel. Belle épreuve.

83 — Louis XV enfant, conduit par Minerve au Temple de l'Immortalité, d'après Coypel. Très-belle épreuve.

84 **Durer** (Albert). L'Homme de douleurs assis (B. 22). Belle épreuve.

85 — Sainte Anne et la jeune Vierge (B. 29). Belle épreuve.

86 — La Vierge à la porte (B. 45). Belle épreuve.

87 — Saint Christophe (B. 52). Belle épreuve.

88 — Saint Jérôme dans sa cellule (B. 60). Belle épreuve.

89 — L'Effet de la jalousie (B. 73). Très-belle épr.

90 — La Mélancolie (B. 74). Elle est doublée et mal conservée.

91 — Le Groupe des quatre femmes nues (B. 77). Très-belle épreuve.

92 — La grande Fortune (B. 77). Belle épreuve; elle est doublée.

93 — La Justice (B. 79). Belle épreuve.

94 — Le petit Courrier (B. 80). Belle épreuve.

95 — Le Paysan et sa Femme; l'Oriental et sa Femme (B. 83 et 85). 2 p. Belles épreuves.

96 — Le Paysan du marché (B. 89). Très-belle érp.

97 — Le Branle (B. 90).

98 — Le grand Cheval (B. 97). Très-belle épr.

99 — Le Cheval de la Mort (B. 98).

100 — Le Canon (B. 99). Belle épreuve.

101 — Les Armoiries au coq (B. 100). Belle épreuve; elle est doublée.

102 — La Vierge au Singe, saint Jérôme, saint Georges, la sainte Face, sujets de la Passion. 8 p.

103 — Saint Sébastien, Apollon et Diane, l'Oisiveté, le Paysan du marché, Le grand Cheval, Albert de Mayence, Frédéric de Saxe. 7 p.

104 — La Vie de la Vierge. Suite de vingt estampes (B. 76-95); il manque le titre. 19 p. Très-belles épreuves du premier tirage.

105 — La grande Passion. 10 p. Belles épreuves.

106 — La Sainte-Famille, la Cène, Judith, pièces de l'Apocalypse, etc. Adam et Ève; par L. de Leyde. 7 p.

107 — Lot de 18 copies, dont la Mélancolie, le Cheval de la mort, Vierges, etc.

108 **Durer** (d'ap. A.). La Mise au tombeau, par M. de Passe. Très belle épreuve.

109 **Dyck** (Ant. Van). Le Titien et sa Maîtresse. Ancienne épreuve.

110 — **Dyck** (d'ap. Ant.). Jupiter et Antiope, par Soutman. Belle épreuve du 1er état, avant l'adresse.

111 **Earlom** (R.). *Lady and Child*, d'après Sasso-Ferrato. Belle épreuve.

112 — Les Fumeurs, d'après Hemskirk. Très belle épreuve avant la lettre.

113 — L'Amour, les yeux bandés, attaché à un arbre. Belle épreuve avant la lettre.

114 — La Sorcière passant devant Cerbère, d'ap. Teniers. Belle épreuve.

115 — Exhibition of the Royal Academy of Painting in the year 1771, Intérieur de salon. 2 p. d'ap. Brandoin.

116 **École de Fontainebleau.** Romulus et Rémus occupés à bâtir les murs de la ville de Rome, d'ap. le Primatice (B. 40.) Belle épreuve.

117 — Hercule amoureux d'Omphale, d'ap. le Primatice (B. 76.). Belle épreuve.

118 **École italienne.** Différentes pièces par Kartarius, Bertelli, Galestruzzi, etc. 18. p.

119 **Edelinck** (G.). La Sainte-Famille, d'ap. Raphaël. Belle épreuve.

120 — Le Christ aux Anges, d'ap. Le Brun. Deux épreuves, dont une avant l'adresse de Drevet; elles sont mal conservées.

121 **Facini** (P.). Saint François d'Assise (B. 1) Très-belle épreuve.

122 **Falck** (J.). La Vierge et l'Enfant Jésus, Suzanne et les Vieillards. 2 p.

123 — La Vieille Coquette, d'ap. P. Leys. Belle épreuve.

124 **Fantuzzi** (Ant.). Statue de Cybèle (B. 10). Belle épreuve.

125 **Farinati** (P. et H.). Sainte-Famille, le Portement de croix, Enfant portant la croix, la Bataille. 4 p. Belles épreuves.

126 **Ferdinand** (P. excudit.) Le Parnasse ridicule de la place Maubert. Scène de mœurs du temps de Louis XIII.

127 **Fialetti** (O.). Deux Frises de tritons et de nymphes. Belles épreuves.

128 **Forster** (F.). Portrait de Raphaël Sanzio, d'ap.
lui-même. Belle épreuve.

129 **Franco** (Jean-Baptiste). L'Annonciation (B. 7).
L'Adoration des Bergers (8). 2 p. Belles épreuves.

130 — Jésus-Christ au milieu des docteurs (9). Très-
belle épreuve.

131 — Jésus portant sa croix (11). La Vierge pleurant
sur le corps mort de Jésus Christ (25). 2 p.

132 — L'Arche du Seigneur placée par les Philistins
dans le temple (B. 6). Belle épreuve.

133 — Hercule debout décochant une flèche sur le
centaure Nessus qui enlève Déjanire (B. 40). Belle
épreuve.

134 — Scipion usant de clémence envers les prison-
niers (B. 54). Belle épreuve.

135 — L'Empereur Constantin faisant la donation de
la ville de Rome au Saint-Siége: composition d'un
grand nombre de figures (B. 55). Très-belle ép.
Rare.

136 — Un Homme assis à droite donnant audience
(B. 79). Belle épreuve.

137 — Le Déluge (B. Ap. 3). Belle épreuve.

138 **Furch** (S.). Saint Sebastien attaché à un arbre.
Belle épreuve. 2

139 — **Gheyn** (J. de). Ornementation d'une coupe,
d'ap. G. Telrho. Très-belle épreuve.

140 — Lion au repos. Belle épreuve.

141 **Ghisi** (J. B.). David coupant la tête de Goliath,
d'ap. J. Romain (B. 6) Belle épreuve.

142 **Ghisi** (G.). Jésus-Christ célébrant la Cène, d'ap. L. Lombard (B. 6). Superbe épreuve; elle a de la marge.

143 — Sainte Barbe recevant la couronne de martyre (B. 10). Très-belle épreuve.

144 — Cajus Marius en impose aux soldats envoyés pour le tuer, d'après Polydore (B. 26). Belle épreuve.

145. — Le perfide Sinon venant faire une fausse confidence aux Troyens au sujet du cheval de bois, d'ap. J.-B. Ghisi (B. 28). Très-belle épreuve.

146 — La Victoire, d'ap. J. Romain (B. 34). Très-belle épreuve.

147 — Neptune debout (B 31), Thétis debout (B. 32). Deux estampes. Belles épreuves.

148 — Les Plafonds en hauteur, peints par le Primatice, suite de quatre estampes (B. 36-39). Belles épreuves.

149 — Vénus embrassant Adonis, d'ap. Th. Ghisi. Très-belle épreuve.

150 — Le chasseur Orion portant sur ses épaules Diane, déesse des forêts, d'ap. L. Penni (B. 43). Superbe ép.; elle a de la marge.

151 — Les Plafonds ovales, peints en largeur par le Primatice (B. 48-51). 4 p. Belles ép.

152 — Vénus assise dans la forge de Vulcain occupé à forger les traits de l'Amour, d'ap. Perino del Vaga (B. 54). Très-belle épreuve.

153 Le Songe de Raphaël, d'ap. L. Penni (B. 67). Belle épreuve.

154 — Un jeune homme porté par deux hommes. — Pénélope au milieu de ses femmes, d'ap. le Primatice (B. 1 et 2, des pièces douteuses). 2 p.

155 — **Ghisi** (Adam). Hercule assis près de Déjanire, d'ap. J. Romain (B. 10). Très-belle épreuve du 1er état.

156 — Un Faune jouant du chalumeau près d'une nymphe, d'ap. J. Romain (B. 11). Très belle épreuve.

157 **Ghisi** (Diane). Jésus-Christ renvoyant la femme adultère, d'après J. Romain (B. 4). Belle épreuve.

158 — La Vierge assise sur des nues (B. 20). Très-belle épreuve.

159 **Gisling** (F. et exc.). La belle Constance dragonée par Arlequin Déodat. Pièce satirique,

160 **Goltzius** (H.). Porte-étendard. — Hallebardier, par de Gheyn. Belles ép. 2 p.

160 bis — Les trois Parques. Pièce de forme ronde. Très-belle ép., elle est mal conservée.

161 — Le Fils de Théodore Frisius, debout près d'un chien. Pièce connue sous le nom du *Chien de Goltzius*. Belle épreuve.

162 — Apollon jouant de la lyre, et remportant le prix sur le dieu Pan. Belle ép.

163 — Une Assemblée de gentilshommes et de dames vénitiennes, d'ap. Th. Bernard. Belle ép.

164 — Les Dieux célébrant dans l'Olympe les noces de l'Amour et de Psyché, d'ap. B. Spranger. Belle épreuve.

165 Goltzius et son Ecole. La Nativité, sujets de la Passion, sujets de mythologie, Le Fils de Théodore Frisius, etc. 19 p.

166 Greuze (d'ap.). La Dame de charité, par Voyez l'aîné. Belle. ép.

167 Grun (Baldung). Les Apôtres, la Descente de croix et autres pièces, par L. de Cranach. 14 p.

168 Heath (J.). Portrait de la fille du Titien, d'après Titien. Belle ép.

169 — Mort de l'amiral Nelson, Mort du général Wolfe. 2 p. d'ap. B. West.

170 Juvarra (d'ap.). Fêtes faites à Turin à l'occasion du mariage de leurs A. R. 8. p. in-fol. obl.

171 Jordaens (d'ap. J.). L'Adoration des bergers, par Marinus. Très-belle épreuve du 1er état, avant grand nombre de travaux.

172 — Le Roit boit, par Pontius. Superbe ép.

173 Laurus (J). Concile de Paul V. Belle ép.

174 Leyde (L. de). Ève créée pendant le sommeil d'Adam, Adam et Ève pleurant la mort d'Abel. Belles ép. 2 p.

175 — Caïn tuant son frère Abel. Belle ép.

176 — Le Garçon avec la trompe. Belle ép.

177 — Le poète Virgile suspendu dans un panier. Belle épreuve.

178 — Seigneur et la Dame. — La Tentation de L. de Leyde, portrait de Maximilien (copie). 4 p.

179 — Le Chirurgien, la Vieille à la grappe, la Promenade, le Seigneur et la Dame. 4 p.

180 — David jouant de la harpe devant Saül, Samson et Dalila, Esther devant Assuérus. 3 p.

181 — Lé Sauveur et les Apôtres. 15 p.

182 — L'Adoration des Mages, les Evangélistes, Salomon adorant les idoles, etc. 28 p.

183 **Loli** (L.). Sainte-Famille, saint Jérôme. 2 p. Belles épreuves.

184 — La Renommée, sujets d'Amours. 9 p. Très-belles épreuves.

185 **Lombard** (P.). Le Gazetier de Hollande, d'ap. Gascard, in-fol. Belle épreuve.

186 **Lorrain** (d'ap. Cl.). Deux Paysages, gravés par Lowry. Epreuves avant la lettre.

187 **Luchèse** (M.). Combat naval, d'ap. Polydore de Caravage. Très-belle épreuve.

188 — **Maître au Dé**. L'Envie chassée du temple des Muses, d'après B. Peruzzi (B. 17). Belle épreuve.

189 **Mantegna** (André). Les Soldats portant des trophées (B. 13).—Hercule étouffant Anthée (B. 16). Belles épreuves; elles sont doublées.

190 **Marot** (J.). Vues du château de Richelieu, en Poitou. 12 p.

191 **Matham** (J.). L'Amour domptant le dieu Pan d'après Goltzius. Très-belle épreuve.

192 — Un Payen faisant inutilement tourmenter un de ses valets, d'après le Tintoret. Très-belle épreuve.

193 **Maratte** (C.). L'Adoration des Mages, la Nativité de la Vierge, la Visitation, etc. 6 p.

191 **Mayer** (M.). Apollon écorchant Marsyas Très-belle épreuve.

— La même estampe. Belle épreuve.

195 **Mazzuoli** (F.), dit le Parmesan. La Vierge et l'Enfant Jésus (B. 4). Belle épreuve.

196 **Meldolla** (André). L'Enfant Jésus dans le berceau entouré de saints, d'ap. le Parmesan (B. 62). Très-belle épreuve.

197 — Différents saints présents à l'hommage rendu par saint Jean à l'Enfant Jesus, d'ap. le Parmesan (B. 64). Très-belle épreuve.

198 **Mercury** (P.). Sainte Amélie, d'ap. Paul Delaroche. Belle épreuve.

199 — Portrait de Christophe Colomb. Belle épreuve.

200 **Meusnier** (L.). Vues du palais, jardins et fontaines d'Arangouesse, maison de plaisance du roi d'Espagne. 10 p. Belles épreuves.

201 **Mola** (P.-F.). Repos en Égypte, Bacchanale, par Podesta ; Jésus, au milieu des Docteurs, par Jordano, etc. 4 p.

202 **Monogramme M. E.** Les Vendangeurs (B. 5). Belle épreuve.

203 **Morghen** (Raphaël). Son portrait en buste. Belle épreuve.

204 — La Cène, d'après Léonard de Vinci. Belle et ancienne épreuve en feuille.

205 — La Vierge et l'Enfant Jésus, d'après Garafolo. Belle épreuve.

206 — Loth et ses Filles, d'ap. le Guerchin. Très-belle épreuve avant la lettre.

207 — La même estampe. Épreuve avant la lettre.

208 — François de Montcade, d'ap. Van Dyck. Épreuve avant les contre-tailles.

209 — La Famille Holstein Beck, d'ap. A. Kauffman. Belle épreuve.

210 — Portrait de Guillaume II, prince de Nassau, d'ap. Mireveldt. Belle épreuve avant la lettre.

211 **Moro** (Del). Tombeau d'un évêque; — Sainte Famille, d'ap. le Parmesan; — la Fortune, par Scarcelli; — saint Antoine de Padoue, par Mitelli, etc. 7 p.

212 — Tombeau d'un évêque; — la Vestale Tucia, 2 p. Belles épreuves.

213 **Muller** (J.). Jésus-Christ célébrant la Cène avec ses disciples, d'après G. Coingnet. Très-belle épreuve; elle est doublée.

214 — La Fortune montrant son aveuglement par la manière dont elle dispense ses faveurs, d'ap. Corneille Cornélis. Très-belle épreuve.

215 — Caïn tuant son frère Abel, d'ap. C. Cornélis. Très-belle épreuve.

216 **Mullins** (G.). A Spaniel Dog. Belle épreuve.

217 **Oudry** (J.-B.). Nature morte, attaque du loup, Belles épreuves. 2 p.

218 **Pasqualinus** (J.-B.). Saintes Familles, les Évangélistes, Martyre de deux saints, saint Paul, saint Ambroise, Jupiter et Smelé, Suzanne au bain. d'ap. le Guerchin. 10 p. Belles épreuves.

219 **Pesne** (Ant.). Galathée sur les eaux, d'après le Poussin. Belle épreuve.

220 **Pentcz** (G.). Médée remettant à Jazon ses dieux pénates, Suzanne, etc. 5 p.

221 **Petitot** (E.-A.). Projet d'un pont triomphal. Pièce gravée à l'eau-forte.

222 **Pomedella**. Nessus et Déjanire. — Vénus et les Amours, d'ap. le Maître à l'Oiseau, etc. 7 p.

223 **Porporati** (C.). La Vierge au lapin, d'après le Corrége. Belle épreuve.

224 **Procaccini** (C.). Repos en Égypte, la Vierge au rosaire, par Carpioni; l'Ecce Homo, par V. Strada, etc. 6 p.

225 — Repos en Égypte, le Temps, par Sirani; la Mort de la Vierge, par Balestra; Allégorie sur l'igno- rance, Vénus et les Amours, etc. 9 p.

226 **Rahl** (C.). La Nativité, d'ap. le Corrége. Belle épreuve avant la lettre, sur papier de Chine.

227 **Raimondi** (Marc-Antoine), **Ravenne** (Marc de) et **Vénitien** (A.). Dieu apparaissant à Isaac, d'ap. Raphaël, par Marc de Ravenne (B. 7). Très- belle épreuve.

228 — La même estampe. Belle épreuve.

229 — Le Massacre des Innocents, d'ap. B. Bandinell. (B. 21), par Marc de Ravenne. Belle épreuve.

230 — Les Trois Saintes Femmes allant visiter le Saint-Sépulcre, d'ap. Michel-Ange (B. 33).

231 — Saint Paul prêchant à Athènes, d'ap. Raphaël (B. 44).

232 — La Vierge à la longue cuisse, d'ap. Raphaël (B. 57). Très-belle épreuve.

233 — Iphigénie, d'après B. Bandinelli, par A. Véni- tien (B. 194). Superbe épreuve.

234 Entellus et Darès, d'après Raphaël, par Marc de Ravenne. (B. 195). Belle épreuve.

235 — L'Enlèvement d'Hélène, d'après Raphaël, par Marc de Ravenne (B. 209). Très-belle épreuve.

236 — Le Triomphe, d'après A. Mantegna (B. 213). Belle épreuve.

237 — Marche de Silène, d'après Jules Romain, par A. Vénitien (B. 240). Belle épreuve.

238 — La Vendange, d'après Raphaël (B. 306).

239 — Hercule au berceau (B. 315). Belle épreuve.

240 — Vénus blessée par l'épine d'un rosier, d'après Raphaël, par Marc de Ravenne (B. 321). Très-belle épreuve.

241 — Mars, Vénus et l'Amour, d'après Mantegna (B. 345). Première épreuve avant le flambeau à la main de Vénus et avant la tête de Méduse sur le bouclier; elle est imprimée sur vélin et elle est mal conservée.

242 — La même estampe.

243 — L'Homme montrant une hache à une femme (B. 380).

244 — La Force, d'après Raphaël, par Marc de Ravenne (B. 395). Belle épreuve.

245 — Les trois Animaux dans un ovale, par Marc de Ravenne (B. 405). Très-belle épreuve.

246 — Bataille, par Marc de Ravenne, d'après Raphaël (B. 420). Belle épreuve.

247 — Les Grimpeurs, d'ap. Michel-Ange (B. 423). Belle épreuve.

248 — Les Squelettes, par A. Vénitien (B. 424). Belle épreuve.

249 — La Femme pensive, d'après le Parmesan (B. 460). Superbe épreuve.

250 — La Femme pensive; répétition du sujet précé-
dent. Belle épreuve.   3

251 — Femme debout près d'un vase, d'ap. Raphaël,
par A. Vénitien (B. 474). Très-belle épreuve.

252 — L'Homme se tirant une épine du pied, d'après
l'antique (B. 480). Très-belle épreuve; elle est
doublée.

253 — Les Vases antiques de bronze et de marbre
(B. 541-552). 12 p. Belles épreuves; plusieurs
sont avant l'adresse de Salamanque.

254 — Vénus se tirant une épine du pied. Pièce
gravée dans le goût de A. Vénitien. Epreuve avant
l'adresse de Salamanque.   4

255 **Rembrandt** (Van Rhyn). Portrait de Rembrandt aux cheveux hérissés (B. 8). Cl. 8. Belle
épreuve; elle a une petite marge.   6

256 — Portrait de Rembrandt, avec l'écharpe autour
du cou (B. 171). Cl. 17. Belle épreuve.

257 — Portrait de Rembrandt tenant un sabre (B. 18).
Cl. 18. Très-belle épreuve.

258 — Portrait de Rembrandt au bonnet orné d'une
plume (B. 20). Cl. 20. Superbe épreuve avant
la retouche; le nom du maître tracé en caractères
légers, est très-apparent.

259 — Portrait de Rembrandt dessinant (B. 22). Cl.
22. Belle épreuve.

260 — Abraham qui reçoit les trois anges (B. 29).
Cl. 35. Très-belle épreuve.

261 — Agar renvoyée par Abraham (B. 30). Cl. 37.
Très-belle épreuve.

262 — Abraham avec son fils Isaac (B. 34. Cl. 39.
Très-belle épreuve.

263 — Le Sacrifice d'Abraham (B. 35). Cl. 36. Très-
belle épreuve.

264 — Joseph racontant ses songes devant sa famille
(B. 37). Cl. 41. Belle épreuve.

265 — Jacob pleurant la mort de son fils Joseph
(B. 38). Cl. 42. Belle épreuve.

266 — Joseph et la femme de Putiphar (B. 39). Cl.
43 Belle épreuve.

267 — David en prière (B. 41). Cl. 45. — Tobie le
père, aveugle (B. 42). Cl. 46. Deux pièces.

268 — L'Annonciation aux bergers (B. 44). Cl. 48.
Superbe épreuve très-vigoureuse.

269 — L'Adoration des Bergers (B. 46). Cl. 50. — La
Nativité (B. 45). Cl. 46. Deux estampes. Belles
épreuves.

270 — La Circoncision (B. 47). Cl. 51. Belle épreuve du
1er état, avant les travaux à la pointe sèche, vers le
milieu du haut de l'estampe.

270 bis. La même pièce. Epreuve du 2e état.

271 — Présentation au Temple (B. 49). Cl. 53. Deux
épreuves des 2e et 3e états.

272 — La Fuite en Egypte (B. 53). Cl. 57. — Autre
Fuite en Egypte (B. 55). Cl. 59. Deux estampes.
Belles épreuves.

273 — La Vierge et l'Enfant Jésus sur des nuages
(B. 61). Cl. 65. Belle épreuve.

274 — Sainte Famille (B. 62). Cl. 66. Belle épreuve.

275 — La Sainte Famille (B. 63). Cl. 67. — Jésus-Christ au milieu des docteurs (B. 64). Cl. 68. Deux estampes. Belles épreuves.

276 — La Samaritaine (B 70). Cl. 74. — Autre Samaritaine (B. 71). Cl. 75. Deux estampes. Belles épreuves.

277 — Petite Résurrection de Lazare (B. 72). Cl. 76. La grande Résurrection de Lazare (B. 73). Cl. 77. Deux estampes.

278 — La grande Résurrection de Lazare. Belle épreuve.

279 — Jésus-Christ prêchant, ou la petite tombe (B. 67). Cl. 71. — Jésus-Christ chassant les vendeurs du Temple (B. 69). Cl. 73. Deux estampes.

280 — Ecce-Homo (B. 77). Cl. 82. La grande Descente de croix. (B. 81). Cl. 83. Deux estampes.

281 — Jésus-Christ en croix entre les deux larrons (B. 79). Cl. 84. Très-belle épreuve.

282 — Le transport de Jésus-Christ au tombeau (B. 84). Cl. 88. Belle épreuve.

283 — Les Disciples d'Emmaüs (B. 87). Cl. 91. Belle épreuve.

284 — Les petits Disciples d'Emmaüs (B. 88). Cl. 92. Très-belle épreuve.

285 — Le Bon Samaritain (B. 90). Cl. 94. Belle épreuve.

286 — Pierre et Jean à la porte du Temple (B. 94). Cl. 97. Très-belle épreuve.

287 — La même estampe. Belle épreuve.

288 — Le Martyre de saint Etienne (B. 97). Cl. 100. Belle épreuve.

289 — La Mort de la Vierge (B. 99). Cl. 182. Très-belle épreuve.

290 — Saint Jérôme (B. 101). Cl. 104. — Saint Jérôme (B. 102). Cl. 105. Deux estampes. Belles épreuves.

291 — Saint Jérôme (B. 105). Cl. 108. Très-belle épreuve.

292 — L'Etoile des Rois (B. 113). Cl. 115. Trois figures orientales (B. 118). Cl. 120. — Les Musiciens ambulants (B. 119). Cl. 121. Trois estampes.

293 — Le Vendeur de mort aux rats (B. 121). Cl. 123. Belle épreuve.

294 — Le petit Orfèvre (B. 123). Cl. 125. Belle épreuve.

295 — La Faiseuse de kouks (B. 124). Cl. 126. Belle épreuve.

296 — Synagogue des Juifs (B. 126). Cl. 128. Belle épreuve.

297 — Le Maître d'école (B. 128). Cl. 129. — Le Dessinateur (B. 130). Cl. 131. — Pierre et Jean à la porte du Temple. Trois estampes.

298 — Juif à grand bonnet (B. 133). Cl. 133. Belle épreuve.

299 — Le Cochon (B. 157). Cl. 154. Belle épreuve. Pièce rare.

300 — Gueux et Gueuse (B. 164). Cl. 161. — Vieille Mendiante (B. 170) Cl. 167. — Gueux (B. 178). Cl. 175. — Gueux estropié (B. 179), Cl. 176. Quatre estampes. Belles épreuves.

301 — Mendiants à la porte d'une maison (B. 176). Cl. 173. Très-belle épreuve.

302 — Le Dessinateur, d'après le modèle (B. 192). Cl. 189. — Homme assis à terre (B. 196). Cl. 193. Deux estampes.

303 — Femme nue assise sur une butte (B. 198). Cl. 195. — Vénus au bain (B. 201). Cl. 198. Deux estampes.

304 — Paysage à la tour carrée (B. 218). Cl. 215. Très-belle épreuve.

305 — L'Abreuvoir de la vache (B. 237). Cl. 234. Belle épreuve.

306 — Vieillard à grande barbe et bonnet fourré (B. 262). Cl. 259. Très-belle épreuve.

307 — Portrait de Menassé Ben-Israël (B. 269). Cl. 266. Belle épreuve.

308 — Portrait de Faustus (B. 270). Cl. 267. Belle épreuve.

309 — Portrait du jeune Haaring (B. 275). Cl. 272. Belle épreuve.

310 — Portrait de Jean Lutma (B. 276). Cl. 273. Belle épreuve sur papier de Chine.

311 — Portrait de Wtenbogardus (B. 279). Cl. 276. Belle épreuve.

312 — Portrait du grand Coppenol (B. 283). Cl. 280. Belle épreuve du 4e état, avant que la planche ait été réduite.

313 — La même estampe. Épreuve de la planche réduite.

314 — Portrait du bourgmestre Six (B. 285). Cl. 282.
Épreuve du 3e état; elle a une petite marge.

314 bis. Vieillard chauve à courte barbe (B. 306).
Cl. 302. Belle épreuve.

315 — Homme avec chapeau à grands bords (B. 311).
Cl. 307. Belle épreuve.

316 — Vieille Femme assise (B. 314). Cl. 334. Très-
belle épreuve.

317 — La Liseuse (B. 345). Cl. 355. Belle épreuve.

318 — Buste de la mère de Rembrandt (B. 349). Cl.
339. Belle épreuve.

319 — Vieille qui dort (B. 350). Cl. 340. Très-belle
épreuve.

320 — **Rembrandt** (D'ap.). L'Homme tenant un
pistolet, par J. Haid. Très-belle épreuve avant
la lettre.

321 **Reni** (G.). Saint Jérôme, la Mise au tombeau,
Saintes Familles, Saint Christophe. 10 p. Belles
épreuves.

322 — La Mise au tombeau, Saintes Familles. 9 p.
Belles épreuves.

323 — Saintes Familles, la Mise au tombeau, Saint
Christophe, l'Enfant Jésus et saint Jean. 8 p.
Belles épreuves.

324 — Saintes Familles, la Mise au tombeau. 10 p.

325 — L'Enfant Jésus et saint Jean, la Mise au tombeau, Saintes Familles. 11 p.

326 **Reni** (Ecole de Guido). Judith, Repos en Egypte, Mars, Vénus et l'Amour, la Vierge et l'Enfant Jésus, par And. Solario, etc. 10 p.

327 **Ribera** (Joseph). Le corps mort de Jésus-Christ (B. 1). Très-belle épreuve.

328 — Saint Jérôme lisant (B. 3). Belle épreuve.

329 — Saint Jérôme effrayé (B. 4). Belle épreuve.

330 — Le Martyre de saint Sébastien (B. 6). Chef-d'œuvre du maître.

331 — Saint Pierre (B. 7). Belle épreuve.

332 — Saint Pierre, saint Jérôme effrayé. Deux pièces.

333 — Saint Jérôme, saint Pierre, le Poële, tête d'Homme, Silène (copie). 5 p.

334 **Roffe** (Alfred). Portrait de Femme, d'après Rubens. Epreuve avant la lettre.

335 **Rosa** (S.). Œdipe (B. 8). — Chute des géants (21). 2 grandes pièces en hauteur. Belles épreuves.

336 — Regulus (9). — Polycrates (10). Deux grandes pièces en largeur. Belles épreuves.

337 — Combats de tritons, sujets de la vie d'Alexandre, Martyre de sainte Cécile, par Fr. Rosa. 7 p. Belles épreuves.

338 **Roullet** (J.). Thèse, d'après Mignard.

340 **Rubens** (D'après P.-P.). Sennachérib effrayé, par Soutman. Très-belle épreuve.

341 — L'Adoration des Mages, par N. Ryckemans. Très-belle épreuve.

342 — L'Adoration des Bergers, par Pannels. Belle épreuve.

343 — Le Christ en croix, par Bolswert. Belle épr. avec l'adresse de Gillis Hendricx.

344 — La Sainte Famille au mouton, par Bolswert.
Belle épreuve avec l'adresse de Gillis Hendricx.

345 — Les Pères de l'Eglise, par C. Galle. Belle
épreuve.

346 — Martyre de Saint Thomas, par J. Neefs. Belle
épreuve.

347 — Le Martyre de saint Lievin, par Cauckerken.
Belle épreuve.

348. — Renaud et Armide, par P. de Jode et P. de
Baillet. 2 p.

349 — Silène ivre soutenu par deux satyres, par
Suyderhoeff. Très-belle épreuve.

350 — Silène ivre, par Soutman. Très-belle épreuve.

351 — Jugement de Pâris, par R. Woodman. Très-
belle épreuve avant la lettre.

352 — Progné faisant voir la tête de son fils à son
époux, par C. Galle. Très-belle épreuve.

353 — Philémon et Baucis. *Joannes Meyssens excudit.*
Très-belle épreuve.

354 — Orgie, par Wyngaerdt. Très-belle épreuve.

354 bis. — Le Jardin d'Amours, par C. Jegher. Belle
épreuve ; elle est doublée.

355 — Conversation entre plusieurs amants, par
C. Jegher. Belle épreuve ; elle est doublée.

356 — La Chasse au loup, par W. Leuw. Belle
épreuve du 1er état.

357 — Chasse aux lions, par W. Leuw. Belle épr.

358 — Chasse au sanglier, par W. Leuw. Belle épr.

359 — La Chasse au sanglier de Calédonie, avec l'a-
dresse de Moermans. Très-belle épreuve.

359 bis. — La même estampe. Belle épreuve avec l'adresse de Van Merlen.

360 **Saenredam** (J.). Vertumne et Pomone, d'ap. Bloemaert. Belle épreuve.

361 — Débora perçant la tête de Sisara. — Judith donnant la tête d'Holopherne à sa suivante, d'ap. Goltzius. 2 p. Belles épreuves.

362 **Schmidt** (G.-F.). Polichinel, d'après Tiepolo. Belle épreuve.

363 **Silvestre** (Is.). VUES DE PARIS. Les Tuileries et le Louvre 7 p.

364 — Vues du Luxembourg. 11 p.

365 — Vues de la tour de Nesle et de la galerie du Louvre ; vues du Pont-Neuf. 4 p.

366 — Vue de la Sainte-Chapelle et de la Cour des Comptes, à Paris. Vue du quai des Augustins et du pont Saint-Michel. Vue de l'Archevêché de Paris et du pont de la Tournelle. Vue de la maison de M. Le Coigneux, au faubourg Saint-Germain. Vue de la maison et jardin de M. le grand prieur du Temple. 5 p.

367 — Vues de l'Hôtel-de-Ville et de la place de Grève, de l'église Notre-Dame, du grand couvent des Augustins. 4 p.

368 — Hôtels de Soissons, du maréchal Daumont, de Vendôme d'Angoulême, et de M. le duc de Luynes. 6 p.

369 — Vues de l'église et cimetière des Saints-Innocents. Vue d'une partie du Cours et de la Savonnerie. Vue de l'église Saint-Victor. Vue et perspective de l'église et de la cour du Temple. Vue
de Notre-Dame et du Pont-Neuf. 5 p.

370 — Les lieux les plus remarquables de Paris et
de ses environs. Suite de 10 p.

371 — Vue de l'hôtel de Liancourt, vue de Rambouil-
let, proche la porte Saint-Antoine ; les Filles de
l'Annonciade, les églises Sainte-Elisabeth, des
Carmélites, noviciat des Jésuites, du Temple, vue
de l'Hôtel-Dieu de Paris. 8 p.

372 — Vues du château de la Bastille, du jardin du
Roy au faubourg Saint-Victor, de l'église des
Bons-Hommes, le coin des Bons-Hommes, des
Porcherons, de la fontaine des Saints-Innocents,
des Martyrs de Montmartre, etc. 8 p.

373 — Vue et perspective du Cours de la Reyne-
Mère, vue du Cours et de la Savonnerie, vues
de la maison de M. de Bretonvilliers, etc. 8 p.

374 — Vues de la maison de M. de Bretonvilliers,
dans l'isle Notre-Dame. 3 p.

375 — Vues du Fort Royal, de la place Royale, du
Cours et de la Savonnerie, Perspective de l'isle
Notre-Dame, etc. 12 p.

376 — Diverses vues de Paris. 7 p.

377 — VUES DE FRANCE. Vues du village et du pont de
Charenton, vues des châteaux de Bury, de Vaux,
de Maisons, etc. 8 p.

378 — Vues du château de Fontainebleau. 9 p.

379 — Vues du château de Saint-Germain-en-Laye.
10 p.

380 — Vue des châteaux de Gaillon, d'Ecouen et de la
Roche-Guyon. 8 p.

381 — Vues des châteaux d'Ansy-le-Franc et de
Tanlai. 8 p.

382 — Vues des châteaux de Berny, Bury, Chavigny,
Chilly, Coulomniers, Pont et Saint-Maur. 11 p.

383 Vues des châteaux de Saint-Cloud, Meudon,
Rueil et de Madrid. 12 p.

384 — Vues du château de Liancourt. 5 p.

385 — Vues du château de Richelieu, en Poitou.
4 p.

386 — Vues de Bourgogne, de la Champagne, de
Provence, etc. 21 p.

387 — Vues de Grenoble, d'Avignon, Marseille, d'Or-
léans, la Citadelle de Montmelian. 10 p.

388 — Vues de Lyon. 7 p.

389 — Vues de Nancy et de ses environs. 12 p.

390 — Vues de Rouen, de la grande église de Mantes,
d'une église de Poissy. 4 p.

391 — Rome. Vue générale. Grande pièce gravée en
quatre feuilles.

392 — Vues de Rome et d'Italie. 128 p. Belles épr.

393 **Sirani.** Repos en Egypte, saint Jérôme, Didon,
sujets d'Enfants, le Temps. 6 p. Belles épreuves.

394 **Smith** (J.-R.). Promenade at Carlisle House.
Belle épreuve.

395 **Stella** (Cl.). Sujets de la vie de Jésus-Christ,
d'ap. N. Poussin. 13 p. Belles épreuves.

396 **Strange** (Robert). Le Retour du marché, d'apr. Wouwermans. Belle épreuve.

397 — Esther devant Assuérus, d'après le Guerchin. Belle épreuve.

398 — Joseph et la femme de Putiphar, d'après le Guide. Belle épreuve

399 — Sainte Cécile, d'après Raphaël. Belle épreuve.

400 — Sainte Agnès, d'après le Dominiquin. Belle épreuve.

401 — La Toilette de Vénus, d'après le Guide. Belle épreuve.

402 — Libéralité et Modestie, d'ap. le Guide. Belle épreuve.

403 — Apollon récompense le mérite et punit l'arrogance, d'ap. A. Del Sarte. Belle épreuve.

404 *Imprimis venerare deos*, d'ap. B. Schidone. Belle épreuve.

405 — L'Amour couché, d'après B. Schidone. Belle épreuve.

406 — Romulus et Remus sur le bord du Tibre, d'ap. P. de Cortone. Belle épreuve.

407 — Portrait de Raphaël, d'ap. lui-même. Belle épreuve.

408 **Teniers** (D.). Le Flûteur, Jeune Femme tenant une fleur, l'Homme devant le miroir, Vieillard tenant un verre, Paysan taillant une plume, l'Homme et son Chien. Très-belles épreuves. 6 p.

409 **Terburg** (d'ap). La Santé portée, par Chereau. Belle épreuve.

410 **Testa** (P.). Le Triomphe de la peinture (36), — la Saison d'été (37). 2 grandes estampes en largeur.

411 — Vénus et les Amours, sujet allégorique. — La Fuite en Egypte, par Aquila, Jésus adoré par les Anges, par Benaschi. 5 p.

412 **Titien** (d'ap.). Le Passage de la mer Rouge. Grande pièce en 12 feuilles, gravée sur bois.

413 **Tomkins** (W.). Adieux de Louis XVI à sa famille, d'ap. Brown.

414 **Toschi** (P.). Le Spasimo, d'ap. Raphaël. Belle épreuve avec l'adresse de Bardi, en feuille.

415 **Vertue et autres**. Almanachs d'Oxford pour 1728, 1764 et 1795, Proclamation de la paix à la Bourse de Londres le 29 avril 1802. 4 p.

416 **Vico** (Enée). L'Armée de l'empereur Charles V traversant l'Elbe (B. 18). Pièce rare.

417 — Les Amours de Mars et Vénus, d'ap. le Parmesan (B. 21). Très-belle épreuve du 1er état.

418 — Jupiter et Léda, d'ap. Michel-Ange (B. 26). Belle épreuve.

419 **Visscher** (C.). La Fricasseuse, la Bohémienne, les Bergers en marche. 3 p.

420 **Vosterman** (L.). Saint Georges, d'ap. Raphaël. Très-belle épreuve.

421 — Jésus-Christ au jardin des Oliviers, d'ap. An. Carrache, Belle épreuve.

422 **Wagner**. Pastorales, d'ap. Amiconi, suite de 12 p. Belles épreuves.

423 — Sujets de l'Ancien Testament, d'ap. le même. 12 p. Belles épreuves.

424 — Mascarades, d'après Feretti. 6 p. Belles épreuves.

425 **Waterloo** (Ant.). Paysages. 6 p.

426 **Watteau** (d'ap. Ant.). Rendez-vous de chasse, l'Accord parfait, la Perspective. 3 p. Belles épreuves.

427 — L'Accordée de village, par De Larmessin. Belle épreuve.

428 **Wille** (J.-G.). Abraham renvoyant Agar, d'ap. Dietricy. Superbe épreuve avant toutes lettres et avant les armes ; elle a toute sa marge.

429 — La Tante de Gérard Dow, d'ap. G. Dow. Très-belle épreuve avant la lettre.

430 **Woollett** (W.). The Spanish pointer, d'après Stubbs. Belle épreuve.

431 — La Bataille de La Hogue, la Bataille de la Boyne. 2 p., d'ap. B. West.

432 — Les Paysans joyeux, d'ap. Dietricy, — Paysages, d'ap. Smith et Wilson. 7 p.

433 **Worlidge** (Th.). Le Dromadaire, Études de têtes, etc. 11 p.

434 **Clairs-Obscurs** gravés par le comte Antoine Marci Zanetti. 50 p. montées en 1 vol. in-fol., mar. r., dent. et arm.

435 — El Teatro de pinturas de David Teniers. Bruxelles, 1660; 1 vol. in-fol., v.

436 — Histoire de Joseph, accompagnée de dix figures gravées sur les modèles du fameux Rembrandt, par M. le comte de Caylus. A Amsterdam, chez Jean Neaulme, 1757; 1 vol. pet. in-fol. cart.

437. — Impostures innocentes, ou recueil d'estampes,
d'ap. divers peintres illustres, tels que Raphaël,
le Guide, C. Maratti, le Poussin, Rembrandt, etc.,
par B. Picart. Amsterdam, 1739; in-fol. cart.

438 — Recueil de 104 p. gravées à l'eau-forte, par
Saint-Non, d'ap. des antiquités, peintures, etc.,
qui se trouvent en Italie. 1 vol. in-fol., cart.

PORTRAITS

439 **Anonymes**. Ranutius Farnesius, duc de Parme.
Très-belle épreuve.

440 — Julius Casserius, philosophe et médecin. Belle
épreuve.

441 **Audran** (B.). Henri de Beringhen, gouverneur
de Marseille, d'après Nanteuil. in fol. Belle
épreuve.

442 **Audran** (Jean). Pierre Otthobonus, chancellier
d'Alexandre VIII, d'ap. Trevisani, in-fol. Belle
épreuve.

443 **Balchou** (J.-J.). Auguste III, roi de Pologne,
d'ap. Rigaud.

444 **Baron** (B.). Philippe, lord Hardwicke, chancellier d'Angleterre. — Richard Mead, médecin du
roi, d'ap. Ramsay. Belles épreuves. 2 p., in-fol.

445 **Bartolozzi** (F.). Angelica Kauffman, d'ap. J.
Reynolds. In-fol. Epreuve tirée en bistre.

446 **Bervic**. Louis XVI en pied, d'ap. Callet. Épreuve de la planche raccordée.

447 **Carrache** (Augustin). Portrait du Titien. Sup. épreuve.

448 — Portrait de Ferdinand, grand-duc de Toscane. Belle épreuve.

449 **Chevillet**. J.-B. Simon Chardin, d'ap. lui-même, in fol. Belle épreuve.

450 **Daullé**. Melchior, cardinal de Polignac, d'après Rigaud, in-fol. Très-belle épreuve avant la lettre.

451 — Pierre-Augustin Lemercier, imprimeur, d'apr. Van Loo, in-fol. Belle épr. 2.

452 **Delarue** (L.). Salvator Rosa, d'ap. C. Maratte, in-fol. Portrait gravé à l'eau-forte.

453 **Drevet** (Claude). Charles-Gaspard Guillaume de Vintimille, archevêque de Paris, d'apr. Rigaud. Très-belle épreuve.

454 — Philippe-Louis comte de Sinzendorf, d'après Rigaud. Belle épreuve.

455 **Drevet** (P). Louis XIV en pied, d'ap. Rigaud. Très-belle épreuve.

456 — Louis XV enfant, d'apr. Rigaud. Belle épr.

457 — René François de Beauvau, d'ap. Rigaud. Très-belle épreuve.

458 — Jérôme Bignon, abbé de Saint-Quentin, d'ap. Rigaud. Très-belle épreuve, elle a de la marge.

459 — Robert de Cotte, architecte, d'après Rigaud. Belle épreuve.

460 — Claude Lepelletier, d'ap. Mignard. Belle épr.

461 — Hyacinthe Rigaud, d'ap. lui-même. Très-belle épreuve; elle a de la marge.

462 — Mitantier, greffier de l'Hôtel de Ville de Paris, d'ap. Largillière. Très belle épreuve; elle a de la marge.

463 — Jean Polinier, abbé de Sainte Geneviève, d'ap. Lescrinier. Très-belle épreuve; elle a de la marge.

464 — Marie Cadesne, Jean Forest, le prince de Galles, Keller, L. Delamet, etc. 8 p.

465 **Dyck** (D'ap. Ant. Van). Portrait gravés par Pontius et autres. 11 p.

466 — Philippe, comte de Pembroke; Henri, comte d'Arondel; Marguerite, comtesse de Carlisle; Sophie, comtesse de Carnaven; Elisabeth, comtesse de Castlehaven. 5 p.

467 **Earlom** (R.), Portrait de la femme de Rubens, d'ap. Rubens. Belle épreuve.

468 **Edelinck** (G.). Antoine Arnauld, d'ap. Ph. de Champagne. Belle épreuve.

469 — Martin Vanden Baugaerd, connu sous le nom de Desjardins, d'ap. Rigaud. Belle épreuve.

470 — Philippe de Champagne, Mansart, Berlin. 3 p.

471 — Claude de Saint-Georges, archevêque de Lyon; Fabio Brulart de Sillery. Belles épreuves. 2 p.

472 — H. Goltzius, Titien, A. Bloemaert. Belles épreuves. 3 p.

473 **Hondius** (G.). Guillaume de Nassau, d'après Vanden Maer. Très-belle épreuve.

474 **Hondius** (H.). Andrea de Leszno. Leszcynski, d'ap. D. Schultz, in-fol. Belle épreuve.

475 **Joullain**. François Desportes, d'ap. lui-même, in-fol. Belle épreuve.

476 **Langlois** (J.). Jean Petre, secrétaire ordinaire de la chambre du roi, d'après Nantéuil, in-fol. Très-belle épreuve.

477 **Lasne** (M.). Charles de Créquy, maréchal de France, in-fol. — Rare épr. tirée sur soie.

478 **Lépicié**. Charlotte Desmares, d'après Coypel, in-fol. Belle épreuve.

479 **Lioni** (O.). Jean Ciampolus, Christophe Roncha- lès, Paul Qualiatus. 3 p.

480 **Malgo** (S.). Portrait de la princesse de Lamballe, dans son cabinet, d'apr. Hickel. Epreuve avec toute marge.

481 **Masson** (Ant.). Louis XIV, d'après Le Brun. Belle épreuve.

482 — Marin Cureau, la duchesse de Guise, Brisa- cier. 3 p.

483 **Matham** (Th.). Winandus ab Heimbach, Jean de Jongke, Léonard Goesanus. Belles épr. 3 p.

484 **Melini** (Ch.-D.). Les Enfants du duc de Savoie, d'apr. Drouais. Belle épreuve.

485 **Muller** (J.). Jean Neyen, d'Anvers, d'ap. Mire- velt; Théodore Coornhertius, d'Amsterdam. Très- belles épreuves. 2 p.

486 **Muller** (J.-G.). Louis XVI en pied, d'après Du- plessis.

487 **Nanteuil** (R). Anne d'Autriche (R. D. 23). Epreuve mal conservée.

488 — Auvry (Cl.), évêque de Coutances (R. D. 26). Belle épreuve.

489 — François Bosquet, évêque (B. 44). Belle épr.

490 — Frédéric Maurice de La Tour d'Auvergne, duc de Bouillon (R. D. 49). Très-belle épr.

491 — Godefroi Maurice de la Tour d'Auvergne, duc de Bouillon (R.-D.). Très-belle épreuve.

492 — François de Clermont-Tonnerre, évêque de Noyon (R.-D. 68). Belle épreuve du 1er état.

493 — Gillier (Madame de) (R.-D. 103). Belle épreuve.

494 — Le Tellier (Ch. Maurice), archevêque de Reims (R.-D. 141). Très-belle épreuve du 1er état.

495 — Le Vayer (François de la Mothe), conseiller d'État (R.-D. 143). Belle épreuve.

496 — Louis XIV (R.-D. 160). Belle épreuve.

497 **Pitau** (N.). Charles-Gustave Wrangell, grand-maréchal de Suède, d'ap. Klooker. Très-belle épreuve, avant la lettre.

498 **Poilly** (N.). Jacques Amelot, marquis de Mauregard, d'ap. Lefèvre, in-fol. Très-belle épreuve.

499 **Sadeler** (Eg.). Rudolphe à cheval, d'ap. A. de Vries, in-fol. Belle épreuve.

500 **Schmidt** (G.-F.). Philippe V, roi d'Espagne, d'ap. Vanloo. Très-belle épreuve avant la lettre.

501 — Charles-Gabriel de Tubières de Caylus, évêque d'Auxerre, d'après Fontaine, in-fol. Très-belle épreuve.

502 — Anne de la Vigne, d'ap. Ferdinand, in-oct. Très-belle épreuve.

503 **Schulze** (C. G.). Joseph II, empereur des Romains, d'ap. Kemle, in-fol. Belle épreuve avant la lettre.

504 **Simon** (P.). Portrait de Louis XIV, vu à mi-
corps, de grandeur naturelle. Très-belle épreuve.

505 **Sompel** (Van-P.). Mathias I⁰ʳ, empereur d'Alle-
magne. Belle épreuve.

506 **Tardieu** (J.). Marie, princesse de Pologne, reine
de France. d'ap. Nattier, in-fol. Belle épreuve.

507. **Tardieu** (N.). Louis-Antoine de Pardaillan de
Gondrin, duc d'Antin, d'ap. Rigaud, in-fol. Belle
épreuve.

508 **Visscher** (C). Héléna Léonora de Sieuri, d'ap.
Van Dyck. Taès-belle épreuve.

509 — Jacob Cornéliz, Th.—Craanen, par Bloteling,
Th. Cornhertuis, par Goltzius, Wouwermans,
par Dupuis, 5 p.

510 **Vosterman** (L.). François de Malherbes, d'ap.
Dumontier, in-4. Belle épreuve.

511 **Watson** (Caroline). Catherine II, impératrice de
Russie, d'ap. Ryosselin, in-fol. Belle épreuve.

512 **Wille** (J.-G.). Abel François Poisson, marquis
de Marigny, d'ap. Tocqué. Belle épreuve.

513 — Charles Théodore, comte palatin du Rhin,
d'ap. Ziesenis, Frédéric II, roi de Prusse, d'ap.
Pesne. Belles épreuves. 2 p.

514 — Marigny Parrocel, Charles, prince de Galles,
Bouchardon par Beauvarlet. 4 p.

515 — Largillière, par Daullé, Louis de Boulogne, par
Surugue, S. Bourdon, par L. Cars, Bon de Boulogne, par Tardieu. 4 p. in-folio.

516 — François de Troy, par Poilly, Bon de Boullo-
gue, par N. Tardieu, Carle Vanloo, Carle Maratte.
4 p. in-fol.

517 — Antoine Coypel, par Massé, Louis de Boullogne, par Lépicié F. de Troy, par Vallée. 3 p. in-fol.

518 — Louis de Boullogne par Surugue, Ant. Coypel, par Massé, Desportes, par Joullain. 3 p. in-fol.

519 — Desportes, par Joullain, Bon de Boullogne, par Tardieu, Rigaud et sa femme, par Daullé. 3 p. in-fol.

520 — F. Boucher d'ap. Roslin, Hubert-Robert d'ap. Isabey, J.-M. Vien et L. Michel Vanloo, par Miger. 4 p. in-fol.

521 — Antoine Coyzevox, par Audran, Robert le Lorrain, par Tardieu, Simon Guillain, par Surugue. 3 p. in-folio.

522 — Séb. Leclerc, par Delaunay, P. Pujet, par Jeaurat, Sarrazin, par Cochin. 3 p. in-fol.

523 — J. Restout, par Moitte, Delaunay, par Chereau, Le Joueur de musette, par Langlois, etc. 5 p. in-fol.

524 — Antoine de Malvin de Montazet, archevêque de Lyon, d'ap. Vanloo, Blaise Duchesne, abbé de Ste-Geneviève, par Gaillard, Mazarin, par Nanteuil. 3 p. in-fol.

525 — Paul d'Albert de Luynes, Lemasle, par Lenfant, Pierre Loisel, par Picart, Perefixe et François de Harlay, par Montcornet. 5 p. in-fol. et in-4.

526 — Louis XIV, par Nanteuil, Louis XV, par Larmessin et Wille, les enfants du comte d'Artois, par Beauvarlet, etc. 6 p. in-fol.

527 — Le Tellier, par Poilly, Crébillon, par Balechou, duc de Choiseul, par Fessard, etc. 6 p. in-fol.

528 — Boyer, par Cœlemans, M. Lenoir, par Chevillet, Ch. Patin, par Masson, etc. 9 p. in-fol.

529 — Lot de 49 portraits français : don Jean Bu-
reau, Wernesson de Lyancour, duc d'Épernon.
Voltaire, François Ier, etc.

530 — Portraits de grands personnages de l'Angleterre
par Vertue. 10 p. in-8.

531 Portraits anglais par Houbracken et Vertue ; 13 p.
in-fol.

532 Douze portraits d'hommes et femmes, gravés à la
manière noire, par Faber.

533 Portraits de femmes anglaises, d'ap. Kneller et
autres, par Smith. 16 p.

534 Autre lot de seize portraits anglais, d'ap. Kneller,
par Smith.

535 Portraits d'hommes et femmes anglais, d'après
Kneller, par Smith.

536 Autre lot de dix-sept portraits anglais, par Smith.

537 John Milton, Abel Boyer, Pope, John Robinson or-
ganiste et autres personnages anglais. 10 p. in-fol.

538 Georges III, Guillaume III, Thomas Lediard, pro-
fesseur de langues occidentales, et autres portraits
anglais. 8 p. in-fol.

539 Lot de vingt-six petits portraits anglais avant et
avec la lettre.

540 Lot de vingt-deux portraits de personnages anglais.

541 Autre lot de douze portraits anglais.

542 Lot de vingt-deux portraits anglais par divers
graveurs.

543 Autre lot de vingt et un portraits anglais, par
divers graveurs.

544 Lot de cinquante-neuf portraits de personnages
anglais.

545 Portraits allemands, dont : l'archiduc Albert, le
cardinal de Kollonitz, Joseph II, Léopold, etc. 15
p. in-8°.

546 Lot de soixante-cinq portraits allemands et hollandais.

547 Isabelle-Claire Eugénie, par Pontius, Marie de
Tassis, par Vermeulen, Ambroise Spinola, etc.
6 p. in-fol.

548 Portraits hollandais, dont : Martin Juchen, Martin
Tromp, Rubens et son frère, Juste-Lipse et Gro-
tius. etc. 11 p. in-fol.

549 Portraits de prélats italiens, etc. 8 p. in-fol.

550 Portraits italiens, dont : S. Ricci, N. de Azara, le
prince Eugène, etc. 10 p. in-fol.

551 Lot de trente-neuf petits portraits de personnages
italiens.

552 Sous ce numéro seront vendus un grand nombre
de lots de l'école italienne, par Marc Antoine, A.
Vénitien, Marc de Ravenne, le maître au Dé, les
Ghisi, E. Vico, M. Rota, compositions d'après
Rubens, par Bolswert, Pontius, Vosterman et
autres. Pièces par et d'après Rembrandt, etc., etc.

DESSINS

553 **Anonyme**. Soldats jouant aux échecs devant leur Reine. A la plume et à la sanguine.

554 **Anonyme italien**. Sujets de la vie de saint Paul. 14 dessins à la plume, lavés.

555 **Barbieri** (J.), dit le **Guerchin**. 8 Croquis à la plume.

556 **Bella** (Et. Della). Andromède. A la plume.

557 **Caravage** (Polydore de). Homme haranguant ses soldats. Au bistre, rehaussé de blanc.

558 Bas-Relief. A la plume, rehaussé de blanc.

559 **Diépenbeke** (A.). Le Jugement dernier. A la plume, lavé.

560 **Fragonard**. Hommes près de tombeaux. Au crayon noir, lavé.

561 **La Fage** (R.). Apollon sur le Parnasse faisant écorcher Marsyas. Joli petit dessin à la sanguine.

562 **Mazzuoli** (Fr.), dit le **Parmesan**. Le Jugement de Salomon. A la plume, lavé de bistre.

563 — Femme portant un vase. A la plume, lavé de bistre.

564 **Moucheron** (J). Vue d'un parc avec figures. A la plume, lavé.

565 **Romain** (J.). Deux Guerriers romains devant un temple. A la plume, lavé de bistre et rehaussé de blanc.

566 **Rowlandson**. Mœurs anglaises. 4 dessins à l'aquarelle.

567 **Ruysdaël** (J.). Groupe d'arbres au bord d'une rivière. A la plume, lavé.

568 **Vaga** (Perino Del). L'Enlèvement des Sabines. A la plume, lavé.

569 **Varotari** (Ant.). Femme assise. Aux trois crayons.

570 **Véronèse** (P.). Têtes de Femmes. 16 dessins au bistre, rehaussés.

571 Quatre Dessins par Martin de Vos, Van Aelst, Van Orley.

572 Douze Dessins, par Mitelli et Piranesi.

573 Quatorze Dessins par le Parmesan, C. Ferri, Salviati, C. Maratte, Testa, etc.

574 Sept Dessins, par Polydore, Biaggio, Tibaldi, etc.

575 Six Dessins, par Boschi, Baroche, etc.

Renou et Maulde, imprimeurs de la Compagnie des Commissaires-Priseurs, rue de Rivoli, 144.   48667

M. Parent

~~rue d~~ Villa de la Réunion
auteuil

M. de Saint Maurice
11 avenue Matignon

M. Jahan
10 rue de Dou

Osmond filleul
33 bis rue d'Amst
dessin

2600
2400
4200
92